3

知信陽光 編寫

中華教育

《上下五千年》

給孩子從小講

的中國歷史

秦朝 - 西漢

責任編輯：王玫

裝幀設計：綠色人

排版：陳美連

印務：劉漢舉

編寫　知信陽光

出版　中華教育

香港北角英皇道 499 號北角工業大廈 1 樓 B

電話：(852) 2137 2338 傳真：(852) 2713 8202

電子郵件：info@chunghwabook.com.hk

網址：http://www.chunghwabook.com.hk

發行　香港聯合書刊物流有限公司

香港新界大埔汀麗路 36 號中華商務印刷大廈 3 字樓

電話：(852) 2150 2100 傳真：(852) 2407 3062

電子郵件：info@suplogistics.com.hk

印刷　深圳市彩之欣印刷有限公司

深圳市福田區八卦二路 526 棟 4 層

版次　2018 年 7 月第 1 版第 1 次印刷

規格　16 開 (230 mm x 170 mm)

ISBN　978-988-8513-31-4

本書繁體字版由二十一世紀出版集團授權出版

讀中華小故事，品味人生百態
看上下五千年，閱盡歷史風雲

中國是一個擁有五千年文明史、充滿生機與活力的泱泱大國。在中國悠久的歷史長河中，曾經誕生過眾多的思想家、文學家、科學家、藝術家、軍事家、政治家⋯⋯可謂星光燦爛。這些「明星」們演繹的傳奇故事，令人驚心動魄、蕩氣迴腸，同時也承載着中華民族記憶，形成了華夏歷史五千年的歷史長卷。這些故事中蘊涵着中華民族對人生、對生命、對宇宙、對社會、對世界充滿哲理的思考和獨特認知，無疑是我們民族最可寶貴的精神財富，亦是孩子們未來成長路上的精神座標。

《上下五千年》是一套專為小學生設計的中華歷史故事叢書。本叢書從上下五千年的華夏歷史中，擷取一百多則精彩生動的歷史故事，以通俗易懂的故事形式，向小讀者們展現華夏文明的源遠流長、中華文化的博大精深。

每冊書中的故事都以歷史時間順序為脈絡，有理有據；既各自相互獨立，而又相互承接；既有對歷史背景的描繪，亦有精彩的局部特寫。書中故事表述生動，敘述語言通俗淺近，既適合高年級小學生獨立閱讀，亦適合低年級小學生親子討論閱讀。此外，本套叢書每篇文章都配有漢語拼音詳解，適用於普通話學習。希望本叢書能讓孩子在增長歷史知識的同時，增加民族認同感和民族自信心！

目錄

故事 01

秦始皇駕崩

公元前210年，秦始皇去東南巡遊。這次跟他一起出去的有丞相李斯、宦官趙高和小兒子胡亥。

誰知到了平原津，秦始皇竟然一病不起。等到了沙丘，秦始皇的病情已經越來越嚴重了。

秦始皇一直夢想着長生不老，所以一直沒有宣佈王位由誰繼承。現在，儘管太醫們誰都不敢提他的病情，但秦始皇知道自己的大限快到了。於是，他命人找來李斯和趙高，交代後事，明確說明自己死後，由公子扶蘇繼承皇位。詔書封好後，還沒交給使者，秦始皇便嚥下了最後一口氣。

丞相李斯擔心秦始皇的死訊會引起朝廷內外的不安，決定暫時保密，等到了咸陽，再發佈出去。車子載着秦始皇的屍體，急沖沖地趕回咸陽。

趙高是一個非常有野心的人，一心想篡奪皇權，他希望胡亥繼承王位。因為自己是胡亥的老師，平日裏與胡亥一起為非作歹，知道胡亥是一個胸無大志的人。如果胡亥繼承了皇位，他就可以為所欲為了。

趙高開始秘密謀劃起來，可是單憑自己的力量是不能做到的，於是他便想方設法拉攏李斯也參與進來。

他故意問李斯：「丞相覺得公子扶蘇繼承皇位後，會重用誰？」

李斯想了想，回答道：「應該是蒙恬將軍。他們的交情一直很深。」

趙高奸笑着繼續問：「那丞相覺得你跟蒙恬將軍比，誰更受到公子扶蘇的信賴？」

李斯想也不想，便答：「我怎麼能跟蒙恬將軍比呢？」

趙高見李斯已經進入自己的圈套中，非常高興，又問：「我想讓胡亥繼承皇位。丞相覺得怎麼樣呢？」

「大膽狂徒！竟敢違背始皇的遺囑！」李斯怒吼道。

趙高卻一點也不害怕，他慢慢逼近李斯，說：「如果公子扶蘇繼承皇位，恐怕丞相的位置就不保了。可如果我們密謀讓胡亥繼承皇位，那丞相就會有享不盡的榮華富貴與權力。」

李斯不吭聲，趙高繼續說：「現在始皇的詔書在我們手裏，只有我們知道皇位的繼承人，只要稍做手腳就可以了。丞相還是掂量掂量吧！」

李斯覺得趙高的話有幾分道理，出於私情，無奈之下，他答應幫助胡亥奪權。

於是，三個人假造詔書，立胡亥為太子，還寫了一封信給扶蘇，說是始皇有令，讓他和蒙恬自殺。

等到車隊到達咸陽時，扶蘇與蒙恬已經自刎而死，李斯和趙高把秦始皇的死訊傳出去後，立胡亥為帝，即秦二世。

故事 02

陳勝、吳廣起義

公元前209年，秦二世從陽城徵調九百名壯丁去戍守漁陽。他們到了大澤鄉，正趕上連日的滂沱大雨，道路泥濘不堪，無法行走，他們只好停下來。

yǎn kàn zhe qī xiàn kuài dào le kě shì yǔ hái shi xià gè bù tíng
眼看着期限快到了，可是雨還是下個不停。
zhào zhè yàng xià qù tā men kěn dìng bù néng zài guī dìng de rì qī dào dá
照這樣下去，他們肯定不能在規定的日期到達。
gēn jù qín fǎ de guī dìng yán wù rì qī jiù yào bèi shā tóu
根據秦法的規定，延誤日期就要被殺頭。

duì wu zhōng yǒu liǎng gè rén tōu tōu shāng liang qǐ lái jì rán xiàn
隊伍中有兩個人，偷偷商量起來：既然現
zài táo pǎo shì sǐ bù táo yě shì sǐ nà hái bù rú qǐ lái zào fǎn
在逃跑是死，不逃也是死，那還不如起來造反，
shuō bú dìng hái yǒu yí xiàn shēng jī zhè liǎng gè rén yí gè jiào chén shèng yí
說不定還有一線生機。這兩個人一個叫陳勝，一
gè jiào wú guǎng
個叫吳廣。

chén shèng shuō tiān xià de bǎi xìng cháng qī shòu dào qín wáng cháo de cán
陳勝說：「天下的百姓長期受到秦王朝的殘
kù yā pò tòng kǔ bù kān gōng zǐ fú sū shí fēn xián míng bǎi xìng duō
酷壓迫，痛苦不堪。公子扶蘇十分賢明，百姓多
shù yōng dài tā dàn què bù zhī dào tā yǐ jīng sǐ le xiàng yàn dān rèn chǔ
數擁戴他，但卻不知道他已經死了。項燕擔任楚
guó jiàng lǐng de shí hou chǔ guó rén dōu hěn ài lián tā rú guǒ wǒ men shuō
國將領的時候，楚國人都很愛憐他。如果我們說
zì jǐ shì gōng zǐ fú sū xiàng yàn de duì wu nà me tiān xià huì yǒu hěn
自己是公子扶蘇、項燕的隊伍，那麼天下會有很
duō de rén huí yìng
多的人回應。」

wú guǎng jué de chén shèng fēn xī de hěn duì zào fǎn de jué xīn gèng
吳廣覺得陳勝分析得很對，造反的決心更
jiā jiān dìng le yú shì tā men xiǎng chū le yí gè bàn fǎ tā men yòng
加堅定了。於是，他們想出了一個辦法。他們用
dān shā zài sī chóu shang xiě shàng chén shèng wàng sān gè zì rán hòu bǎ
丹砂在絲綢上寫上「陳勝王」三個字，然後把
tā fàng zài bié ren yòng wǎng bǔ huò de yú de dù zi lǐ miàn
它放在別人用網捕獲的魚的肚子裏面。

shù zú mǎi dào nà tiáo yú huí lái zhǔ zhe chī fā xiàn yú dù zi lǐ
戍卒買到那條魚回來煮着吃，發現魚肚子裏
miàn de bó shū jué de hěn qí guài wǎn shang chén shèng hé wú guǎng yòu
面的帛書，覺得很奇怪。晚上，陳勝和吳廣又
gù yì dào páng biān de shén miào zhōng qù rán shāo yì duī gōu huǒ bìng xiàng
故意到旁邊的神廟中去，燃燒一堆篝火，並像
hú li yí yàng hǎn dào dà chǔ fù xīng chén shèng wéi wáng
狐狸一樣喊道：「大楚復興，陳勝為王！」

shù zú tīng hòu jīng huāng bù yǐ dì èr tiān shù zú men dōu zài
戍卒聽後驚慌不已。第二天，戍卒們都在
tán lùn zhè jiàn shì duì chén shèng zhǐ zhǐ diǎn diǎn
談論這件事，對陳勝指指點點。

wú guǎng xiàng lái ài hù shì zú shì bīng men yǒu xǔ duō rén yuàn yì
吳廣向來愛護士卒，士兵們有許多人願意
tì tā xiào lì yā sòng shù zú de liǎng gè jūn guān hē zuì le wú guǎng
替他效力。押送戍卒的兩個軍官喝醉了，吳廣
gù yì shuō xiǎng yào táo pǎo rě de jūn guān fēi cháng nǎo nù duì tā zé
故意說想要逃跑，惹得軍官非常惱怒，對他責
mà bù yǐ jūn guān shèn zhì bá chū bǎo jiàn lái wēi hè wú guǎng wú guǎng
罵不已。軍官甚至拔出寶劍來威嚇吳廣，吳廣
duó guò bǎo jiàn shā sǐ jūn guān chén shèng yě lái bāng máng yì tóng shā sǐ le
奪過寶劍殺死軍官。陳勝也來幫忙，一同殺死了
liǎng gè jūn guān
兩個軍官。

陳勝和吳廣召集戍卒說：「你們已經誤了朝廷規定的期限，誤期就會被殺頭。即使朝廷不殺我們，戍邊的人十個裏頭肯定有六七個死去。壯士不死就罷了，死就要死得轟轟烈烈，那些王侯將相難道都是天生的貴種嗎？」

戍卒都願意聽從他們的命令。於是他們就打着公子扶蘇、項燕的旗號，順從百姓的心願，反抗秦朝。陳勝自立為將軍，吳廣為都尉。

起義軍首先攻下了大澤鄉。在行軍時又沿途吸收羣眾參軍，等到了陳縣，起義軍已有很大的規模。陳勝便自立為王，國號「大楚」，宣稱要重建楚國。

起義軍節節勝利，戰線卻越拉越長，內部也矛盾重重，後來吳廣不幸在戰鬥中被殺害，起義軍實力被削弱了。最後，陳勝被叛徒殺害，起義軍也被秦朝消滅了。

時代小總結

秦朝時期

由秦始皇統一後的秦朝，雖採取了諸多政治、經濟、文化上的統一措施，造福後世，然而因為法律嚴苛、服役繁重，最終引發了以陳勝、吳廣揭竿起義為首的諸多民眾反抗運動。這些大大小小的起義隊伍，後來都建立起了國家，好比燕、趙、齊、代、楚等國。混戰中，反秦力量逐漸形成了劉邦和項羽兩大軍事集團，掀開了由秦向西漢過渡的序幕。

故事 03

鴻門宴

在項羽領兵解救巨鹿的同時，劉邦率領大軍出發了，他們到了灞上安營紮寨，直指咸陽，此時各地諸侯也紛紛破關逼近。

秦三世子嬰見大勢已去，便親自來降，劉邦的軍隊佔領了咸陽。劉邦進入城內並沒有燒殺搶掠，而是與百姓們約法三章，咸陽城內一片歡呼。

剛剛大獲全勝的項羽得知劉邦已攻佔咸陽，非常着急，率大軍日夜兼程，很快就打到了新豐鴻門這個地方，離灞上只有四十里。

項羽在鴻門安營紮寨後，謀士范增說：「劉邦原來是貪財好色之徒，如今攻佔了咸陽，既不貪財，也不好色，可見他的野心不小啊！」項羽聽後大怒，準備攻打劉邦。

項羽的叔父項伯和劉邦的謀士張良交情很好，他連夜騎着快馬來到灞上，把這個消息告訴了張良，並讓張良逃走。張良不肯逃走，反而把這個消息告訴了劉邦。

劉邦聽後大驚失色，他聽從張良的建議，向項伯說自己並沒有稱王的野心，從而取得了項伯的支持。項伯建議劉邦第二天去鴻門，親自向項羽謝罪。

第二天，劉邦帶着一百多騎兵來到鴻門拜見項羽，劉邦見項羽怒氣沖沖，便說：「我和將軍合力攻打秦國，沒有想到會先攻佔咸陽。我一直在替將軍看守咸陽，日夜盼着將軍趕快到來啊！」

項羽看到劉邦如此恭順，臉色緩和多了，便不再懷疑劉邦，還設宴招待他。宴會中，范增多次向項羽暗示，要他趁機殺掉劉邦。項羽卻裝作沒看見，范增只好到帳外找來項莊，說：「項王太厚道了！你進去舞劍助興，趁機殺掉劉邦。」

於是，項莊提着長劍進入帳內拔劍起舞。項伯也拔出劍來跟他對舞，時時用身體掩護着劉邦。

張良一看情況不對，馬上來到軍營門口，對大將樊噲說：「情況很危急，項莊在舞劍，要殺掉沛公啊！」

樊噲是個粗人，不顧一切就衝進帳裏。項羽見了大怒：「大膽狂徒，竟敢私自入帳，拉下去斬了！」兩個士兵見狀便要抓樊噲，樊噲伸出胳膊一推，把兩個士兵摔出老遠。

項羽見他如此勇猛，心生幾分佩服，便命人端上酒菜。樊噲也不客氣，兩把巨斧一扔，坐在地上開始大口喝酒大口吃肉。

項羽更覺得樊噲是個勇士，當他得知樊噲是沛公的手下，不但沒有生氣，還十分佩服他的忠心。

樊噲卻責備項羽說：「當年楚懷王跟將士們約定，誰先攻佔咸陽，誰就為王。如今，沛公進了咸陽，並沒有稱王，而是等着項王到來。沛公真是勞苦功高，忠心耿耿。如今，大王卻聽信小人的讒言，要殺掉有功勞的人。」項羽聽了無

huà kě dá
話可答。

guò le yí huì er liú bāng chū lái shàng cè suǒ zhāng liáng quàn tā
過了一會兒，劉邦出來上廁所，張良勸他

chèn jī táo zǒu liú bāng biàn qí zhe kuài mǎ yí lù kuáng bēn táo huí
趁機逃走。劉邦便騎着快馬，一路狂奔，逃回

le bà shàng
了灞上。

xiàng yǔ jiàn liú bāng hǎo jiǔ dōu méi yǒu huí lái biàn pài rén qù qǐng
項羽見劉邦好久都沒有回來，便派人去請。
zhāng liáng jìn lái shuō pèi gōng hē zuì le jiù xiān zǒu le pà shì xiàn
張良進來說：「沛公喝醉了，就先走了，怕是現
zài kuài dào bà shàng le pèi gōng ràng wǒ fèng shàng bái bì yì shuāng xiàn gěi
在快到灞上了。沛公讓我奉上白璧一雙，獻給
jiāng jūn yù dǒu yì shuāng xiàn gěi yà fù
將軍；玉斗一雙，獻給亞父。」

fàn zēng jiàn liú bāng táo zǒu fèn nù de bá chū jiàn yí xià zi jiāng
范增見劉邦逃走，憤怒地拔出劍，一下子將
yù dǒu jī suì tàn dào jiāng lái qiǎng duó xiàng wàng tiān xià de bì dìng shì
玉斗擊碎，歎道：「將來搶奪項王天下的必定是
liú bāng ya wǒ men jiù děng zhe zuò fú lǔ ba
劉邦呀！我們就等着做俘虜吧！」

hòu lái liú bāng guǒ rán dǎ bài xiàng yǔ tǒng yī tiān xià jiàn lì
後來，劉邦果然打敗項羽，統一天下，建立
le hàn cháo
了漢朝。

烏江自刎

公元前 *203* 年，韓信屯兵垓下，並佈下十面埋伏，然後想方設法引項羽到垓下來。

正如韓信所料，項羽見到韓信的軍隊後，率領大軍直衝到垓下，陷入了漢軍的埋伏中，被漢軍團團圍住。項羽帶着部下想殺出一條血路，但是四面八方全是漢軍，要想突出重圍，談何容易，項羽的形勢十分危急。

夜裏，項羽在帳裏焦躁地想着突圍的對策，忽然聽見四面八方傳來淒涼的楚歌聲。項羽大吃一驚：「難道楚軍全都投降漢軍了？不然漢軍中為甚麼會有這麼多楚人唱楚歌呢？」

shí jì shang zhè shì liú bāng de jì móu tā ràng hàn jūn zhōng huì
實際上，這是劉邦的計謀。他讓漢軍中會
chàng chǔ gē de shì bīng dōu dào zhèn qián chàng gē zhè yàng jì néng mí huò
唱楚歌的士兵都到陣前唱歌，這樣既能迷惑
xiàng yǔ yòu néng yǐn qǐ chǔ bīng de sī xiāng zhī qíng dòng yáo chǔ jūn de
項羽，又能引起楚兵的思鄉之情，動搖楚軍的
jūn xīn
軍心。

果然，在楚歌聲中，楚軍將士想起了父母妻兒，黯然神傷，有的士兵竟然偷偷地逃跑了。

項羽聽到了楚歌，心亂如麻，他把自己最寵愛的美人虞姬叫到身邊，又叫人牽來他心愛的烏騅馬，悲痛地唱道：「力拔山兮氣蓋世，時不利兮騅不逝。騅不逝兮可奈何，虞兮虞兮奈若何！」

這首歌的意思是：我的力氣大得能夠拔起一座山，氣魄足以壓倒天下的好漢。時運不利，烏騅馬難以前行！烏騅馬難以前行怎麼辦啊！虞姬啊虞姬，我該怎麼辦！

唱着唱着，項羽不禁流下了眼淚。帳中伺候他的人也都哭了。

成語小貼士

四面楚歌

楚漢相爭，項羽於夜間聽到四面的漢軍都唱着楚人的歌曲，一驚之下以為漢軍已佔領楚地，遂連夜奔逃。後用以比喻所處環境艱難困頓，危急無援。

虞姬看項羽這樣，十分痛苦，於是趁項羽不注意，拔劍自刎了。

雖然四面被漢軍包圍，但項羽怎麼也不肯低頭認輸，他決定拼死突出重圍。

項羽翻身騎上烏騅馬，帶領餘下的八百士兵左右出擊。可是，不管是哪一個方向，都沒辦法衝出去。

最後，項羽帶領士兵迷路了。他們遇到一個莊稼人，就問往哪邊走可以到達彭城。那個莊稼人說：「往左走。」

xiàng yǔ dài lǐng shì bīng yì zhí wǎng zuǒ zǒu jié guǒ qián miàn shì yí
項羽帶領士兵一直往左走，結果前面是一
piàn shuǐ wā gēn běn wú lù kě zǒu xiàng yǔ zhī dào zì jǐ shàng dàng le
片水窪，根本無路可走，項羽知道自己上當了。
yú shì yòu xiàng dōng nán pǎo yì zhí táo dào le wū jiāng biān
於是又向東南跑，一直逃到了烏江邊。

wū jiāng biān tíng zhe yì zhī xiǎo chuán yuán lái shì wū jiāng tíng zhǎng zài
烏江邊停着一隻小船，原來是烏江亭長在
zhè děng dài xiàng yǔ tā quàn xiàng yǔ guò jiāng huí dào jiāng dōng juǎn tǔ
這等待項羽，他勸項羽過江，回到江東捲土
chóng lái
重來。

xiàng yǔ kǔ xiào zhe shuō wǒ nǎ er hái yǒu liǎn miàn qù jiàn jiāng dōng
項羽苦笑着說：「我哪兒還有臉面去見江東
fù lǎo a
父老啊？」

zhè shí qián miàn yǒu bō tāo gǔn gǔn de wū jiāng hòu miàn yǒu liú bāng
這時，前面有波濤滾滾的烏江，後面有劉邦
de zhuī bīng xiàng yǔ zhī dào dà jú yǐ dìng yǎng tiān cháng tàn bá jiàn
的追兵，項羽知道大局已定，仰天長歎，拔劍
zì wěn
自刎。

liú bāng zhōng yú dǎ bài xiàng yǔ jiàn lì le hàn cháo shǐ chēng
劉邦終於打敗項羽，建立了漢朝，史稱
xī hàn liú bāng jiù shì hàn gāo zǔ
「西漢」，劉邦就是漢高祖。

故事 05

蕭規曹隨

漢高祖死後，漢惠帝劉盈即位，丞相蕭何輔佐。漢惠帝二年，丞相蕭何年老體衰，病情越來越重。

在蕭何快要去世時，漢惠帝劉盈前去探望，問他：「丞相，你覺得日後誰可以接任丞相一職啊？」

蕭何委婉地推薦了曹參，這與漢高祖臨終前的旨意不謀而合。於是，漢惠帝便拜曹參為丞相。

曹參奉命當了丞相以後，朝中大臣都以為他會進行一番改革，對蕭何制定的各種規章制度和法令作一番大的調整和變動，所以人人小心行事，生怕影響了自己的前程。

誰知曹參上任後，卻一直沿襲蕭何制定的各項規章制度，沒有絲毫的改變。他下朝後，無事可幹，天天和大臣們喝酒，清閒地過日子。

大臣們覺得曹參只知道追隨蕭何，一點兒建樹都沒有，便不把曹參放在眼裏，有的人甚至到漢惠帝面前彈劾曹參。

漢惠帝起初並沒有放在心上，時間一長對曹參也有點不滿。

yǒu yì tiān xià cháo hòu hàn huì dì mìng lìng zài cháo wéi guān de cáo zhú huí jiā
有一天，下朝後漢惠帝命令在朝為官的曹窋回家
hòu dài tì zì jǐ zé wèn fù qīn cáo cān shēn wéi xiàng guó yīng dāng cāo chí
後，代替自己責問父親曹參：身為相國應當操持
guó jiā dà shì bù yīng dāng tiān tiān hē jiǔ bù guǎn shì
國家大事，不應當天天喝酒、不管事。

cáo cān tīng jiàn ér zi zé wèn zì jǐ xīn zhōng fēi cháng nǎo nù
曹參聽見兒子責問自己，心中非常惱怒，
shuō nǐ yí gè xiǎo hái zi dǒng shén me guó jiā dà shì nǎ lǐ lún dào
說：「你一個小孩子懂甚麼？國家大事哪裏輪到
nǐ lái gān yù
你來干預？」

shuō wán jìng rán jiào rén ná bǎn zi lái bǎ cáo zhú tòng dǎ le yí
說完，竟然叫人拿板子來，把曹窋痛打了一
dùn cáo zhú mò míng qí miào de zāo le dùn dú dǎ jué de fēi cháng wěi
頓。曹窋莫名其妙地遭了頓毒打，覺得非常委
qu biàn gào su le hàn huì dì
屈，便告訴了漢惠帝。

hàn huì dì zhī dào hòu dì èr tiān qīn zì zé wèn cáo cān shì
漢惠帝知道後，第二天親自責問曹參：「是
zhèn ràng cáo zhú zhì wèn nǐ de nǐ zěn me dǎ tā a cáo cān huāng
朕讓曹窋質問你的，你怎麼打他啊？」曹參慌
máng qǐng zuì rán hòu wèn hàn huì dì bì xià nín jué de nín yǔ gāo
忙請罪，然後問漢惠帝：「陛下，您覺得您與高
zǔ xiāng bǐ shuí gèng yīng míng
祖相比，誰更英明？」

漢惠帝隨口便答：「朕當然不如高祖英明。」曹參又問：「那麼臣與蕭丞相相比，誰更有才幹呢？」

漢惠帝生氣地回答：「我看，你也比不上蕭何！」

曹參聽了，笑着說：「這就對啦！皇上不如高祖，我也不如蕭何，高祖與蕭何平定了天下，

治理國家，已經有一套非常完善的規章制度。我們只要按照高祖和蕭何丞相制定的規章制度去做，就可以使國家安定了，何必還要另有作為呢？」

漢惠帝終於明白了曹參的一番用心，原來他認為在秦朝滅亡、楚漢之爭以後，老百姓需要的是安定的生活，只有讓老百姓休養生息，國家才能長治久安。於是，漢惠帝繼續讓曹參擔任丞相，並且按照之前的法令治理國家。

曹參擔任丞相三年就過世了，在這三年中，曹參清靜無為地幫助漢惠帝治理天下，使百姓安居樂業，國家太平。

成語小貼士

蕭規曹隨

漢代曹參繼蕭何為相國，舉事皆無所變更。後用此成語比喻後人依循前人所訂的規章辦事。

緹縈救父

故事 06

漢文帝和母親薄氏曾經一度住在封地，知道老百姓生活的艱辛。因此，漢文帝即位後，便大赦天下。

漢文帝還修改國家的各種刑罰，廢除了一些不合理的刑罰。儘管如此，漢文帝初期，國家的刑罰還是相當嚴厲的。

公元前 *167* 年，臨淄城裏有一個名叫淳于意的人，醫術高超，後來當了太倉縣的縣令。他為官清正廉明，不屑於阿諛奉承，百姓都說他是一個難得的清官。淳于意不善於溜鬚拍馬，得罪了不少官員，不久便辭官回家當醫生。

chún yú yì de yī shù gāo míng shì rén dōu shuō tā yǒu miào shǒu huí chūn
淳于意的醫術高明，世人都說他有妙手回春
zhī shù yí gè dà shāng rén tīng shuō hòu jiù qǐng chún yú yì wèi zì jǐ
之術。一個大商人聽說後，就請淳于意為自己
shēn huàn zhòng bìng de qī zi zhì bìng jié guǒ shāng rén de qī zi chī le yào
身患重病的妻子治病。結果商人的妻子吃了藥
yǐ hòu bú dàn bú jiàn hǎo zhuǎn fǎn ér sǐ le shāng rén fēi cháng fèn
以後，不但不見好轉，反而死了。商人非常憤
nù biàn jiāng chún yú yì gào shàng gōng táng shuō tā shì yōng yī shā rén
怒，便將淳于意告上公堂，說他是庸醫，殺人
bù zhǎ yǎn
不眨眼。

淳于意也不知道為甚麼會這樣，因此也拿不出證據為自己辯駁，於是當地的官吏判處淳于意「肉刑」。這種刑罰包括三種：割掉鼻子、在臉上刺字和砍掉左腳或者右腳。

淳于意曾經做過官，按照當時的法律，要被押到都城 長安接受刑罰。

淳于意家境貧寒，拿不出錢來打點，而且膝下只有五個女兒，沒有兒子可以依靠。眼看着父親就要被押往京城，女兒們圍着父親不停地哭泣。淳于意感慨萬分：自己沒有兒子，生的都是沒有用的女兒。

小女兒緹縈聽到了父親的歎息，又生氣又傷心。她決定隨父親去長安，拼死也要把父親救回來，讓父親知道女兒跟兒子一樣有用。

tí yíng lì jìn qiān xīn wàn kǔ, zhōng yú lái dào le cháng ān. tā
緹縈歷盡千辛萬苦，終於來到了長安。她
xiǎng miàn jiàn hàn wén dì, kě shì huáng gōng de shǒu wèi shuō shén me yě bú ràng
想面見漢文帝，可是皇宮的守衛說甚麼也不讓
tā jìn qù. yú shì, tā qīn shǒu xiě le yì fēng xìn, tuō shǒu wèi bāng zì
她進去。於是，她親手寫了一封信，託守衛幫自
jǐ dì gěi hàn wén dì.
己遞給漢文帝。

shǒu wèi jiàn tí yíng xiǎo xiǎo nián jì, jìng rú cǐ yǒu xiào xīn, biàn bāng
守衛見緹縈小小年紀，竟如此有孝心，便幫
tā bǎ xìn sòng dào le hàn wén dì de shǒu li.
她把信送到了漢文帝的手裏。

漢文帝打開信一看，上面歪歪扭扭地寫着：我的父親犯了罪，要受到肉刑的處罰。我很傷心，不但為父親傷心，也為所有受到肉刑的人傷心。一個人被砍掉了腳就成了殘廢，被割掉了鼻子也沒辦法重新安上去。即使他想改過自新，但身上已經有了犯罪的標誌了，沒有辦法改過自新了。希望皇上給我父親一個改過自新的機會，我願意進宮為奴婢。

漢文帝看後非常感動，一個小小的孩子這麼有孝心，而且她說得很有道理，肉刑確實很殘酷，而且也不合理。

於是，漢文帝下令赦免了淳于意的刑罰，並下令用笞刑代替了肉刑。

緹縈的孝心，不但救了父親，也為全天下的老百姓做了一件好事。

故事
07

周亞夫
駐軍細柳營

hàn gāo zǔ lì guó hòu biān jìng bú duàn de shòu dào xiōng nú qīn rǎo
漢高祖立國後，邊境不斷地受到匈奴侵擾。
gōng yuán qián nián xiōng nú yòu zài hàn cháo biān jìng jù jí le dà liàng de
公元前*158*年，匈奴又在漢朝邊境聚集了大量的
bīng mǎ
兵馬。

hàn wén dì yí miàn pài dà jūn qián qù dǐ kàng xiōng nú yí miàn ān pái
漢文帝一面派大軍前去抵抗匈奴，一面安排
sān zhī jūn duì zhù zhā zài cháng ān fù jìn bǎo wèi dū chéng qí zhōng jiāng
三支軍隊駐紮在長安附近，保衛都城。其中，將
jūn liú lǐ zhù jūn bà shàng jiāng jūn xú lì zhù jūn jí mén jiāng jūn zhōu yà
軍劉禮駐軍灞上，將軍徐厲駐軍棘門，將軍周亞
fū zhù jūn xì liǔ
夫駐軍細柳。

jūn duì bù shǔ wán hòu hàn wén dì qīn zì qù wèi wèn gè gè zhù
軍隊部署完後，漢文帝親自去慰問各個駐
jūn dào le bà shàng hé jí mén de jūn yíng hàn wén dì de chē mǎ zhí jiē
軍。到了灞上和棘門的軍營，漢文帝的車馬直接
cè mǎ yáng biān bēn chí ér rù jiāng jūn liú lǐ xú lì gèng shì dài lǐng
策馬揚鞭，奔馳而入。將軍劉禮、徐厲更是帶領
jiàng shì men jǔ xíng le lóng zhòng de yíng sòng yí shì
將士們舉行了隆重的迎送儀式。

隨後，漢文帝一行人來到周亞夫駐軍的細柳，遠遠地看見軍中將士們披盔戴甲，弓上弦，刀出鞘，完全是嚴陣以待、準備戰鬥的樣子。

漢文帝的先遣衛隊來到營門，準備進入軍營，守營的軍官立刻攔住他們，不讓進去。

先遣衛隊的將軍見竟然有人敢阻攔自己，大喝道：「皇上的車駕馬上就到！快點打開營門！」

營門的軍官卻說：「在軍中只能聽將軍的命令，不聽天子的命令。將軍沒有下令，就不能放你們進去。」

過了一會兒，漢文帝到了，守營的將士照樣擋住不讓進去。漢文帝從心裏感到高興，於是就命令侍從拿出皇帝的符節，派人拿給周亞夫，並傳話說：「我要進營去慰勞軍隊。」

周亞夫見到皇帝的符節，這才傳令打開軍營大門。

護送文帝的人馬一進營門，守營的軍官又鄭重地告訴他們：「軍中有規定，軍營內不許車馬奔馳。」於是，漢文帝吩咐大家控制好馬頭的韁繩，緩緩向前走。

到了中營，只見周亞夫身披盔甲，手拿兵器，向漢文帝拱手行禮說：「臣盔甲在身，身着軍裝，不能行跪拜禮，請允許我按照軍禮朝見。」

漢文帝點點頭，又用軍禮表示回禮，接着便親自視察軍營。只見兵器庫裏井然有序，操練場上殺聲震天，整個軍營沒有一個閒人。

漢文帝看了，心情無比舒暢，他向軍士們傳達了慰問之意，然後便離開了。

在回長安的路上，隨駕的人員都憤憤不平，認為周亞夫這樣接待天子太無禮了。

漢文帝卻笑着讚不絕口：「這才是真正的將軍啊！灞上和棘門兩個軍營，紀律鬆散，如果敵人來偷襲，我們不做俘虜才怪呢。像周亞夫這樣治軍，敵人怎敢去侵犯他啊！」

漢文帝通過這次視察，認定周亞夫是個軍事人才，不久便提升他為中尉，讓他負責京城治安。後來，景帝又封周亞夫為車騎將軍。

故事 08

飛將軍李廣

漢代名將李廣，箭法精準，百發百中，而且作戰時行動迅速，忽來忽去，讓人捉摸不定，匈奴人都叫他「飛將軍」。

公元前129年，匈奴人大舉入侵上谷，漢武帝派李廣等幾位將軍帶兵抗擊匈奴。

這天，李廣帶着一百名騎兵去追擊三個匈奴兵，追了幾十里地才追上。李廣親自射殺了對方兩人，生擒一人。

正當李廣等人準備回營時，遠處卻出現了幾千名匈奴騎兵。

kàn zhe xiōng nú bīng zhú jiàn bī jìn lǐ guǎng shǒu xià de shì bīng dōu
看着匈奴兵逐漸逼近，李廣手下的士兵都
huāng le lǐ guǎng què zhèn dìng de shuō wǒ men lí dà yíng hái yǒu jǐ
慌了。李廣卻鎮定地說：「我們離大營還有幾
shí lǐ dì xiàn zài huí qù yǐ jīng lái bu jí le bù rú gān cuì tíng xià
十里地，現在回去已經來不及了。不如乾脆停下
lái dà jiā tǎng xià lái xiū xi yí huì er xiōng nú bīng fǎn dào huì wù yǐ
來，大家躺下來休息一會兒。匈奴兵反倒會誤以
wéi wǒ men de zhǔ lì bù duì zài hòu fāng zhǐ bú guò pài wǒ men lái yǐn yòu
為我們的主力部隊在後方，只不過派我們來引誘
tā men nà yàng tā men yí dìng bù gǎn mào rán gōng jī wǒ men
他們，那樣他們一定不敢貿然攻擊我們。」

李廣立馬下令所有騎兵向前進，在距離匈奴兵只有兩里的地方停下來，然後又命令騎兵全都下馬，把馬鞍全卸下來，躺下來休息。

士兵們都着急了，說：「匈奴兵這麼多，如果發生緊急情況，我們豈不是連逃跑都來不及啊？」

李廣笑着說：「我們這樣做，就可以使他們更加相信我們是特意來引誘他們的了。」

李廣說罷便率先把馬鞍卸下，坐在地上休息，士兵們見了也紛紛下馬休息。匈奴將領看到李廣這樣做，竟不敢上前，只是遠遠地觀察漢軍動靜。

匈奴兵越看越懷疑，不久天黑下來，李廣還沒走，於是他們認定漢軍一定有埋伏，怕漢軍半夜襲擊他們，就連夜全部撤走了。

tiān liàng hòu lǐ guǎng jiàn xiōng nú bīng zǎo yǐ jīng tuì le zhè cái
天亮後，李廣見匈奴兵早已經退了，這才
dài zhe yì bǎi duō míng qí bīng ān rán huí dào dà yíng
帶着一百多名騎兵安然回到大營。

hòu lái lǐ guǎng zuò le yòu běi píng tài shǒu yòu běi píng yí dài cháng
後來李廣做了右北平太守，右北平一帶常
cháng yǒu lǎo hǔ chū lái shāng rén yí cì lǐ guǎng huí lái wǎn le tā
常有老虎出來傷人。一次，李廣回來晚了，他
hé suí xíng de rén dōu xiǎo xīn yì yì de xíng zǒu shēng pà yǒu lǎo hǔ chū
和隨行的人都小心翼翼地行走，生怕有老虎出
lái hū rán lǐ guǎng kàn jiàn cǎo cóng li dūn zhe yì zhī lǎo hǔ yú shì lián
來。忽然李廣看見草叢裏蹲着一隻老虎，於是連
máng dā gōng shè jiàn yí jiàn guò qù zhèng hǎo shè zhòng le lǎo hǔ shǒu
忙搭弓射箭，一箭過去，正好射中了老虎。手

下的人忙去看，結果發現竟然是一塊大石頭，箭射進去得太深，怎麼也拔不出來。

公元前 *119* 年，漢武帝派衞青、李廣攻打匈奴。臨行前，漢武帝一再囑咐：李廣年紀大了，不要讓他獨自帶兵。

衞青卻並沒有放在心上，讓李廣往東攻打匈奴。李廣對東邊的路不熟悉，又沒有嚮導帶路，結果在沙漠中迷失了方向。

衞青前來問罪，李廣流着淚對將士們說：「我李廣從軍以來，跟匈奴打了大小七十多次仗。這次我迷了路，耽誤了行程。我已經六十多歲了，實在不能再去公堂上了。」說完，舉刀自殺了。

李廣自殺的消息傳了出去，全軍上下哭聲一片。

故事 09

衛青和霍去病

漢武帝時期，除了李廣，還有兩位抵抗匈奴立下了赫赫戰功的將軍，他們便是衛青和霍去病。

衛青本是平陽公主的一個小家奴，後來他的姐姐衛子夫進宮，受到漢武帝的寵幸，被立為皇后，他也因為作戰勇敢而受到重視。

公元前 *129* 年，匈奴騎兵來侵犯邊境，殺了許多人，還搶走了不少財物。漢武帝大怒，派出四路兵馬抗擊匈奴。他見衛青勇敢堅強，忠誠可靠，於是將其中一支軍隊交給他，讓他做將軍，迎擊匈奴。

xiōng nú rén lái shì xiōng měng hàn jūn jiàng shì dōu dān xīn bù néng dǎ
匈奴人來勢兇猛，漢軍將士都擔心不能打
bài tā men wèi qīng yì biān fēn xī dí qíng yì biān gǔ lì dà jiā shuō
敗他們。衛青一邊分析敵情，一邊鼓勵大家說：
xiōng nú rén qiān lǐ bēn bō kěn dìng rén kùn mǎ fá zhǐ yào zán men zhuā
「匈奴人千里奔波，肯定人困馬乏，只要咱們抓
zhù jī huì pīn sǐ yí zhàn jiù yí dìng néng dǎ bài tā men jiàng shì
住機會，拼死一戰，就一定能打敗他們。」將士
men tīng le shì qì dà zēng
們聽了士氣大增。

後來，漢武帝派出的這四路軍隊有三路無功而返，只有衛青這一路乘虛直搗龍城，勝利而歸。漢武帝非常高興，封衛青為關內侯。

公元前127年，匈奴集結大量兵力，進攻上谷、漁陽。漢武帝派衛青率大軍進攻久被匈奴佔據的河套地區。河套地區水草豐美，地勢十分險要。

衛青率領四萬大軍，採用「迂迴側擊」的戰術，繞到匈奴軍的後方，迅速攻佔高闕，切斷了駐守河套地區的匈奴白羊王、樓煩王同單于王庭的聯繫。

衛青又率精騎，進到隴縣西，包圍了白羊王、樓煩王。白羊王、樓煩王見勢不好，倉皇率兵逃走。漢軍活捉敵兵數千人，奪取牲畜一百多萬頭，完全控制了河套地區。這樣不但解

除了匈奴騎兵對長安的直接威脅，也建立起了進一步反擊匈奴的前方基地。

公元前 *123* 年，衛青再次奉命掛帥出征，抗擊匈奴。這次戰鬥中，衛青的外甥霍去病見立功報國的機會來了，便毅然向漢武帝要求隨軍出征。

霍去病雖然年輕，但志氣卻很高。他常常跟着舅舅衛青學習騎馬射箭，不久就練就了一身過硬的本領。每逢舅舅凱旋回來時，他都非常激動。他一直希望有朝一日能夠像舅舅那樣馳騁沙場。

漢武帝封他為驃姚校尉，指揮八百名精銳騎兵。這雖然是霍去病第一次出征，卻顯示出了他超人的膽略和非凡的軍事才能。

他運用突破中堅、猛烈攻擊的戰術，率領精銳輕騎，竟遠離主力幾百里，風馳電掣般地奔襲匈奴的後方指揮機關，一舉擊斃了匈奴單于的叔祖父，活捉了匈

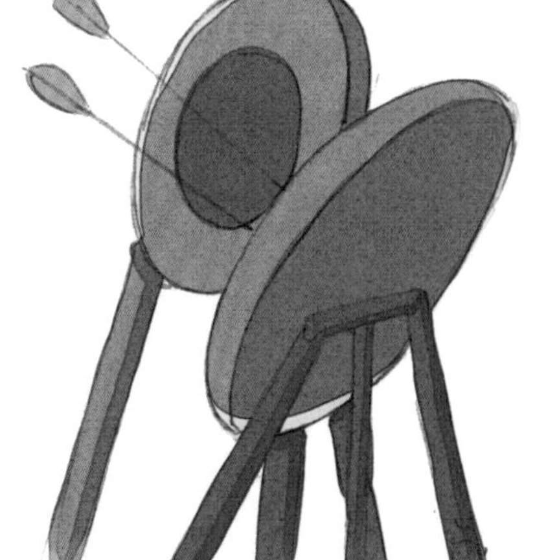

nú de xiàng guó hé chán yú de shū fù yòu zhǎn shā dí jūn liǎng qiān duō rén
奴的相國和單于的叔父，又斬殺敵軍兩千多人。

huò qù bìng dì yī cì chū zhēng jiù lì le qí gōng hàn wǔ dì duì
霍去病第一次出征，就立了奇功。漢武帝對

cǐ dà wéi zàn shǎng biàn fēng tā wéi guàn jūn hóu
此大為讚賞，便封他為冠軍侯。

gōng yuán qián nián hàn wǔ dì fā dòng duì xiōng nú de dà jué
公元前 *119* 年，漢武帝發動對匈奴的大決

zhàn pài dà jiāng jūn wèi qīng piào yáo xiào wèi huò qù bìng shuài bīng wǔ wàn
戰，派大將軍衛青、驃姚校尉霍去病率兵五萬，

fēn liǎng lù zuò zhàn
分兩路作戰。

wèi qīng dài zhe dà jūn yí lù běi shàng xiōng nú lián lián bài tuì wèi
衞青帶着大軍一路北上，匈奴連連敗退。衞
qīng chéng shèng zhuī jī lián zhuī le liǎng bǎi duō lǐ suī rán méi yǒu zhǎo dào
青乘勝追擊，連追了兩百多里，雖然沒有找到
chán yú de zōng jì què zhǎn shā bìng fú lǔ xiōng nú guān bīng yí wàn jiǔ qiān
單于的蹤跡，卻斬殺並俘虜匈奴官兵一萬九千
duō rén
多人。

huò qù bìng cóng lìng yí gè fāng xiàng chū fā gōng dǎ xiōng nú jiē lián
霍去病從另一個方向出發攻打匈奴，接連
huò shèng xiōng nú bīng dà bài kuì bù chéng jūn hùn luàn zhōng huò qù bìng
獲勝。匈奴兵大敗，潰不成軍。混亂中，霍去病
fú huò chán yú shǒu xià de dà jiàng hé guān yuán bā shí yú rén jiān dí jiǔ wàn
俘獲單于手下的大將和官員八十餘人，殲敵九萬
rén chán yú dài zhe cán bīng bài jiàng cōng cōng máng máng de táo xiàng mò běi
人，單于帶着殘兵敗將匆匆忙忙地逃向漠北。

zhè cì zhàn yì hàn jūn dǎ kuǎ le xiōng nú de zhǔ lì shǐ de
這次戰役，漢軍打垮了匈奴的主力，使得
xiōng nú yuán qì dà shāng
匈奴元氣大傷。

故事 10

張騫出使西域

公元前 *139* 年，漢武帝為聯絡西域各國共同抵抗匈奴，派遣張騫出使西域的月氏國，希望和月氏國互通友好，從而切斷匈奴跟西域各國的聯繫。

張騫奉命帶着一百名勇士出發了。月氏國在匈奴的西北方，要想到達月氏國就必須經過匈奴。儘管張騫一行人在路上十分小心，但還是被匈奴兵抓住了，做了俘虜。

匈奴人並沒有把他們殺掉，只是將他們分散看管，然後派人前去勸降。匈奴使者來了好幾次，都被張騫罵得狗血淋頭。

匈奴單于見張騫如此頑固，便讓人一直看着他，這樣張騫等人在匈奴一住就是十年。時間一長，他們慢慢學會了像匈奴人那樣說話、辦事，由於能夠互相溝通，匈奴人對他們的管束也就逐漸放鬆了。

於是，張騫和隨行人趁匈奴人沒有防備，騎上快馬逃跑了。他們一直向西跑啊跑，跑了幾十天，終於逃出了匈奴地界。

張騫等人歷盡了千辛萬苦，想到月氏國去，卻迷了路，沒有找到月氏國，反而闖進了大宛國。

大宛和匈奴是近鄰，當地人懂得匈奴話，張騫等人又都能說匈奴話，所以大家交談起來很方便。

大宛王早就聽說過漢朝，一聽漢朝的使者到了，便熱情地接待了他們，並將他們護送到了月氏。

張騫向大月氏國王傳達了漢武帝的旨意，希望月氏國跟漢朝聯合起來攻打匈奴。但月氏曾經跟匈奴發生戰爭，結果被打敗了。於是，他們遷到了大夏附近，建立了大月氏國。

大月氏國王認為自己的子民過了那麼多年顛沛流離、妻離子散的生活，如今好不容易安定下來，不想再跟匈奴作戰了。大月氏國王很禮貌地接待了張騫，但委婉地拒絕了漢武帝的請求。

張騫等人在大月氏國住了一年多，始終沒有說服大月氏國共同對付匈奴，只好辭別大月氏國，返回漢朝。

在回去的途中，張騫等人經過匈奴時，又被匈奴扣押了一段時間。後來匈奴的太子和單于爭奪王位，發生了內亂，張騫等人才趁機逃了出來。

zài xī yù bēn bō le shí sān nián zhāng qiān zhōng yú huí dào le cháng
在西域奔波了十三年，張騫終於回到了長

ān hàn wǔ dì gǎn niàn tā de xīn láo fēng tā wéi tài zhōng dà fū
安。漢武帝感念他的辛勞，封他為太中大夫。

zhāng qiān zhè cì chū shǐ xī yù suī rán méi yǒu dá dào hé dà yuè
張騫這次出使西域，雖然沒有達到和大月

zhī guó jié méng de mù dì què liǎo jiě le xī yù gè guó de wù chǎn yǐ jí
氏國結盟的目的，卻瞭解了西域各國的物產以及

fēng tǔ rén qíng yǐn qǐ le hàn wǔ dì duì xī yù de zhòng shì zhāng qiān wèi
風土人情，引起了漢武帝對西域的重視。張騫為

hàn cháo rén fā xiàn le yí gè guǎng kuò de xīn shì jiè
漢朝人發現了一個廣闊的新世界。

hòu lái zhāng qiān yòu yí cì fèng mìng chū shǐ xī yù shǐ hàn cháo tóng
後來張騫又一次奉命出使西域，使漢朝同

xī yù gè guó jiàn lì le yǒu hǎo guān xì
西域各國建立了友好關係。

故事 11

蘇武牧羊

hàn wǔ dì shí xiōng nú de chán yú pài shǐ jié xiàng hàn cháo jìn gòng
漢武帝時，匈奴的單于派使節向漢朝進貢
lǐ wù wèi le dá xiè xiōng nú chán yú gǒng gù dà hàn hé xiōng nú de guān
禮物。為了答謝匈奴單于，鞏固大漢和匈奴的關
xì hàn wǔ dì jué dìng pài shǐ chén sū wǔ xiàng xiōng nú huí lǐ tóng shí hù
係，漢武帝決定派使臣蘇武向匈奴回禮，同時護
sòng tā men de shǐ jié huí qù
送他們的使節回去。

yú shì sū wǔ shǒu chí cháng cháng de dài biǎo cháo tíng de hàn
於是，蘇武手持長長的、代表朝廷的漢
jié dài lǐng zhe yóu yì bǎi duō rén zǔ chéng de hé píng shǐ tuán zhuāng yán de
節，帶領着由一百多人組成的和平使團莊嚴地
qǐ chéng le
啟程了。

dāng sū wǔ yì xíng rén dào dá xiōng nú shí xiōng nú nèi bù què fā
當蘇武一行人到達匈奴時，匈奴內部卻發
shēng le yì chǎng pàn luàn jié guǒ sū wǔ shòu dào qiān lián bèi kòu yā zài
生了一場叛亂，結果蘇武受到牽連，被扣押在
le xiōng nú
了匈奴。

chán yú yǐ gāo guān hòu lù yòu shǐ sū wǔ tóu xiáng kě sū wǔ yì
單于以高官厚祿誘使蘇武投降，可蘇武義

正詞嚴地拒絕了，說：「如果我貪圖富貴，背叛朝廷，還有甚麼臉面活在世上呢？」

單于聽了惱羞成怒，命人把蘇武關到地牢裏，不給他東西吃，想以此逼他投降。誰知過了好幾天，蘇武居然沒有被餓死。單于嚇壞了，以為有神人在幫助蘇武，便把他放了出來。

其實是因為當時下着雪，蘇武吃的是雪和地牢裏的破皮帶、羊皮甚麼的。於是，單于又把蘇

wǔ liú fàng dào huāng wú rén yān de běi hǎi
武流放到荒無人煙的北海。

chán yú pài rén ràng sū wǔ zài běi hǎi fàng jǐ zhī gōng yáng bìng duì tā
單于派人讓蘇武在北海放幾隻公羊，並對他

shuō děng dào gōng yáng néng gòu shēng chū xiǎo yáng le nǐ jiù kě yǐ huí dào
說：「等到公羊能夠生出小羊了，你就可以回到

dà hàn le gōng yáng zěn me kě néng shēng xiǎo yáng ne chán yú jiù shì
大漢了。」公羊怎麼可能生小羊呢？單于就是

yào ràng tā è sǐ zài hán lěng de huāng yě shang běi hǎi tiān hán dì dòng xiōng
要讓他餓死在寒冷的荒野上。北海天寒地凍，匈

nú rén bù gěi tā chī de
奴人不給他吃的，

sū wǔ jiù wā yě cài hé
蘇武就挖野菜和

yě cǎo chī dǎi tián
野草吃，逮田

shǔ chī
鼠吃。

tā shēn biān méi yǒu yí gè rén zhǐ yǒu dài biǎo cháo tíng de hàn
他身邊沒有一個人，只有代表朝廷的「漢
jié péi bàn zhe tā tā měi tiān dōu shǒu fǔ
節」陪伴着他。他每天都手撫
hàn jié bú wàng zì jǐ shì hàn cháo de shǐ
漢節，不忘自己是漢朝的使
zhě tā xiāng xìn zì jǐ zǒng yǒu yì tiān néng
者，他相信自己總有一天能
gòu ná zhe shǐ jié huí qù miàn jiàn hàn wǔ dì
夠拿着使節回去面見漢武帝。

yì nián yòu yì nián guò qù le sū
一年又一年過去了，蘇
wǔ shǒu li de nà gēn hàn jié shang de suì
武手裏的那根漢節上的穗
zi quán bù dōu tuō luò le kě tā
子全部都脫落了，可他
yī rán shì ruò zhēn bǎo
依然視若珍寶。

公元前85年，匈奴出現了內亂，單于沒有力量再與漢朝相抗衡，又跟漢朝和好了。這時漢武帝已經死了兩年了，即位的漢昭帝派使者要求放回蘇武等人。匈奴卻騙漢朝使者說蘇武已經死了。

後來，漢朝又派使者出訪匈奴。陪同蘇武一起的常惠便買通了單于的手下，偷偷地跟漢朝使者見面，使者才知道蘇武還活着。

於是，使者責問單于：「單于為甚麼要欺騙我們漢朝呢？我們的皇上在上林園射下了一隻大雁，雁腳上拴着一條綢子，那是蘇武寫的一封信，他說他還活着，就在北海放羊。你怎麼解釋這件事呢？」

chán yú fēi cháng chī jīng nán dào sū wǔ de zhōng xīn gǎn dòng le fēi
單于非常吃驚：難道蘇武的忠心感動了飛
niǎo tā zhǐ hǎo bǎ sū wǔ fàng le huí qù
鳥？他只好把蘇武放了回去。

sū wǔ jiù zhè yàng guò le màn cháng de shí jiǔ nián zhōng yú yào huí
蘇武就這樣過了漫長的十九年，終於要回
cháng ān le
長安了。

cháng ān de bǎi xìng tīng shuō hòu fēn fēn yōng shàng jiē tóu qù yíng jiē
長安的百姓聽說後，紛紛擁上街頭去迎接
tā dāng kàn dào shǒu chí guāng gǎn hàn jié tóu fa hú zi quán bái le
他。當看到手持光桿漢節，頭髮、鬍子全白了
de sū wǔ shí rén men dōu chēng zàn tā shì gè yǒu qì jié de dà zhàng fū
的蘇武時，人們都稱讚他是個有氣節的大丈夫。

故事 12

董仲舒判案

董仲舒，西漢時期著名的思想家、教育家、儒學家、唯心主義哲學家和今文經學大師。

董仲舒沉迷於聖經賢傳之中，簡直到了如癡如狂的地步。當時京城十分繁華，百姓生活富足，街上的行人穿着十分講究。街頭巷尾整日有人談論時政和時下的新鮮玩意兒，董仲舒卻不以為然，他總說：「這與我何干？我只研究經傳。」

功夫不負有心人！董仲舒學通五經，同時又知曉百家，善作文章、喜言善辯。自從朝廷提倡儒學後，董仲舒便提出「罷黜百家，獨尊儒術」

的主張，他的主張得到了漢武帝的贊同。在漢武帝的大力推廣下，儒家思想成為了我國封建社會的正統，並一直延續到封建統治滅亡。

董仲舒特別推崇孔子，他把孔子的《春秋》看作是治理國家、管理百姓的重要理論依據。為官期間，他遇到政治、法律等方面難以判決的問題時，大多從《春秋》中去尋找答案。

有一天，官府抓了一個年輕的婦女。她的丈夫出門遠行，乘船時不慎淹死了，連

屍體都沒辦法找到。她的娘家人就又為她找了一戶人家，嫁了出去。當時朝廷的法律中有一條規定：丈夫沒有下葬的話，妻子不能改嫁。於是官府依據這條法規，判這個女子死罪。

董仲舒聽說後，覺得這個女子並不是德行不好，也沒有跟其他男人私奔，而是按照父母之命、媒妁之言嫁給別人，不應該判這個女子死罪，但按照現行法律又是合理的。

於是，董仲舒翻閱《春秋》，從中找到了一個相似的例子，並為這個女子開脫了罪責。

還有一次，官府抓來了一對父子。原來，這對父子與別人打架。當對方拿起刀要殺父親時，兒子馬上拿起棍棒去救父親。沒想到，混亂之中棍棒卻打中了自己的父親。按照當時的法律規定，兒子打傷父親，是不孝的表現，應當判處

zhòng zuì
重罪。

dǒng zhòng shū jiù jiǎng le chūn qiū zhōng de yí gè xiāng fǎng de lì
董仲舒就講了《春秋》中的一個相仿的例
zi chūn qiū shí qī yí gè jiào xǔ zhǐ de rén gěi shēng bìng de fù qīn áo
子：春秋時期，一個叫許止的人給生病的父親熬
yào shuí zhī fù qīn hē wán yào jiù sǐ le hòu lái yì chá yuán lái xǔ
藥，誰知父親喝完藥就死了，後來一查，原來許
zhǐ mǎi cuò le yào xǔ zhǐ bìng bù xiǎng hài sǐ zì jǐ de fù qīn yīn cǐ
止買錯了藥。許止並不想害死自己的父親，因此
méi yǒu zuì
沒有罪。

dǒng zhòng shū rèn wéi zhè ge ér zi yě bù xiǎng dǎ shāng fù qīn
董仲舒認為，這個兒子也不想打傷父親，
zhǐ shì zài jiù fù qīn shí wù shāng le fù qīn yīn cǐ yě bù néng pàn
只是在救父親時，誤傷了父親，因此也不能判
yǒu zuì
有罪。

dǒng zhòng shū yī zhào chūn qiū zhōng de wēi yán dà yì lái xíng
董仲舒依照《春秋》中的微言大義來行
shì yòng dào dé lái gǎn huà rén xīn yì fāng miàn jiào huà rén men bù yīng gāi
事，用道德來感化人心，一方面教化人們不應該
fàn zuì yì fāng miàn yě mí bǔ le cháo tíng fǎ lǜ de bù zhōu zhī chù gèng
犯罪，一方面也彌補了朝廷法律的不周之處，更
zhòng yào de shì wéi hù le fēng jiàn tǒng zhì
重要的是維護了封建統治。

dǒng zhòng shū de míng shēng yuè lái yuè dà dāng shí de dú shū rén fēn
董仲舒的名聲越來越大，當時的讀書人紛
fēn dēng mén bài fǎng
紛登門拜訪。

故事 13

司馬遷寫《史記》

漢武帝時期，我國出現了一位偉大的史學家——司馬遷。

司馬遷生於一個史學世家，他的父親司馬談是漢朝的太史令，掌管天文曆法和皇家書籍。司馬談非常喜歡歷史，他搜集了大量的史料，計劃寫一部完整的記述中國歷史的史書。這項工作太龐大了，司馬談還沒完成一半就去世了，臨終他叮囑兒子一定要完成自己的心願。

受到家庭的薰陶，司馬遷從小熱愛史籍，年輕的時候便博覽羣書，並到全國各地遊歷。他尋訪鄉人，考察各地的民俗，搜集民間傳說和

lì shǐ rén wù de xiāng guān gù shi huò dé le dà liàng zhēn guì de lì shǐ
歷史人物的相關故事，獲得了大量珍貴的歷史
zī liào
資料。

sī mǎ tán qù shì hòu sī mǎ qiān biàn jì chéng fù qīn de yí
司馬談去世後，司馬遷便繼承父親的遺
yuàn jiē rèn zuò le cháo tíng de tài shǐ lìng xián xiá zhī yú tā jiù rú
願，接任做了朝廷的太史令。閒暇之餘，他就如
jī sì kě de dú shū sōu jí shǐ liào
飢似渴地讀書、搜集史料。

yǒu le cháng dá èr shí nián de zhī shi jī lěi yǐ jí fēng fù de shǐ
有了長達二十年的知識積累以及豐富的史
liào sī mǎ qiān kāi shǐ zhǔn bèi zhuàn xiě yí bù kōng qián de shǐ shū kě jiù
料，司馬遷開始準備撰寫一部空前的史書。可就
zài sī mǎ qiān gāng kāi shǐ xiě zhè bù zhù zuò shí yí jiàn yì xiǎng bú dào de
在司馬遷剛開始寫這部著作時，一件意想不到的
shì qing fā shēng le
事情發生了。

公元前99年，漢武帝派李廣的孫子李陵出戰匈奴，結果匈奴設計誘使「李家軍」誤入埋伏圈，被匈奴騎兵圍困。儘管將士們浴血奮戰，拼死抵抗，但終因糧草短缺，精疲力竭被俘。無奈之下，李陵和剩餘的十幾個弟兄只好詐降。

李陵投降的消息很快傳到了朝廷，朝野上下無不震驚。大多朝臣都譴責李陵貪生怕死，還有部分向來與李家不和的小人，趁機向漢武帝進讒言。本來已經龍顏大怒的漢武帝，聽了讒言，更是不由分說地要把李家上下幾十口人斬首。生性正直的司馬遷站出來替李家求情。

但是自古帝王多疑心，漢武帝武斷地認為司馬遷是居功自傲的李氏一族的同黨，想將司馬遷同罪論處。

在東方朔的勸說下，漢武帝才放過了司馬遷。但是死罪可免，活罪難逃。漢武帝還是下令將司馬遷押入大牢，處以宮刑。

宮刑對人是一種奇恥大辱，一般有骨氣的人寧願死，也不接受宮刑。司馬遷也想到過死，可是父親的遺願還沒有完成，自己用畢生心血所搜集的資料以及自己的思想還沒有

luò bǐ chéng shū nán dào jiù zhè yàng wèi le yì jǐ zhī rǔ qù sǐ ma nán
落筆成書，難道就這樣為了一己之辱去死嗎？難
dào jiù zhè yàng ràng zì jǐ de xīn xuè fù zhū dōng liú le ma
道就這樣讓自己的心血付諸東流了嗎？

sī mǎ qiān bù gān xīn bù xiǎng jiù zhè yàng dài zhe yí hàn jié shù zì
司馬遷不甘心，不想就這樣帶着遺憾結束自
jǐ de shēng mìng wèi le wán chéng fù qīn de yí yuàn wèi le wán chéng zì
己的生命。為了完成父親的遺願，為了完成自
jǐ de xīn xuè tā rěn shòu zhe jù dà de chǐ rǔ jiē shòu le gōng xíng
己的心血，他忍受着巨大的恥辱接受了宮刑。

zhī hòu de suì yuè sī mǎ qiān yǐ jù dà de yì lì chéng shòu zhe
之後的歲月，司馬遷以巨大的毅力承受着
sì miàn bā fāng tóu lái de yì yàng yǎn guāng kāi shǐ yè yǐ jì rì de fā fèn
四面八方投來的異樣眼光，開始夜以繼日地發憤
zhù shū gōng yuán qián nián wǔ shí wǔ suì de sī mǎ qiān zhōng yú wán
著書。公元前 *91* 年，五十五歲的司馬遷終於完
chéng le hóng piān jù zhù shǐ jì
成了鴻篇巨著《史記》。

故事 14

昭君出塞

北方的匈奴內部長期明爭暗鬥，勢力日漸衰落，大不如前。到了漢宣帝時期，匈奴分裂為五個單于勢力，其中有一個單于名叫呼韓邪。呼韓邪一直和漢朝交好，曾親自帶領部下覲見過漢宣帝。

公元前 33 年，呼韓邪再次來到長安，請求同漢朝和親。此時漢宣帝已死，西漢正值漢元帝當政，漢元帝想到利用和親的辦法可以使匈奴不再侵犯漢朝邊境，邊界上的人民就不再受到匈奴的燒殺搶掠了，於是很高興地同意了，並決定挑選一個宮女當作公主嫁給呼韓邪。

hàn yuán dì pài
漢元帝派

rén dào hòu gōng qù chuán
人到後宮去傳

huà shuí yuàn yì jià
話：「誰願意嫁

dào xiōng nú qù huáng shang
到匈奴去，皇上

jiù bǎ tā dàng zuò gōng zhǔ yí yàng
就把她當作公主一樣

kàn dài nà xiē gōng nǚ cháng nián zhù zài huáng gōng
看待。」那些宮女長年住在皇宮

li jiù xiàng niǎo er bèi guān jìn lóng li yí yàng dōu bā wàng zhe yǒu yì tiān
裏，就像鳥兒被關進籠裏一樣，都巴望着有一天

néng bǎ zì jǐ fàng chū gōng qù
能把自己放出宮去。

後來，她們一打聽，原來要離開中原，嫁到遙遠荒涼的匈奴去，卻又都不樂意了，所以遲遲不見有人報名。

有個叫王嬙的宮女，又名昭君。她聰慧美麗，心想：留在宮中也不知道甚麼年月才能得到皇帝的寵幸，與其老死在宮中，還不如出去看看外面的世界。我嫁到匈奴還可以換來兩國之間的和平，何樂而不為？王昭君下定決心，便主動找到管事的大臣，說：「我願意到匈奴去和親，請您稟明陛下吧。」

一連幾天都沒人報名，管事的大臣心急如焚，此刻見有人報名，趕緊就把王昭君的名字上報給了漢元帝。漢元帝見終於有宮女報名了，非常高興，立即下旨應允了。

hé qīn de rén xuǎn yǐ jīng què dìng hàn yuán dì mǎ shàng xià lìng zhǔn
和親的人選已經確定，漢元帝馬上下令準
bèi jià zhuang bìng xuǎn le yí gè liáng chén jí rì ràng hū hán yé chán yú yǔ
備嫁妝，並選了一個良辰吉日，讓呼韓邪單于與
zhāo jūn zài cháng ān chéng qīn hū hán yé chán yú jiàn wáng zhāo jūn nián qīng mào
昭君在長安成親。呼韓邪單于見王昭君年輕貌
měi huì zhì lán xīn xīn zhōng qiè xǐ
美，蕙質蘭心，心中竊喜。

jiù zhè yàng wáng zhāo jūn zài hàn cháo hé xiōng nú guān yuán de péi tóng
就這樣，王昭君在漢朝和匈奴官員的陪同
xià dài zhe fēng hòu de jià zhuang lí kāi le cháng ān mào zhe cì gǔ de
下，帶着豐厚的嫁妝離開了長安，冒着刺骨的
hán fēng qiān lǐ tiáo tiáo jià dào le xiōng nú
寒風，千里迢迢嫁到了匈奴。

xī běi sài wài bǐ bu de zhōng yuán rén men shēng huó de xí guàn yě
西北塞外比不得中原，人們生活的習慣也
yǔ hàn zú yǒu hěn dà de bù tóng gāng dào nà lǐ zhāo jūn shí cháng xiǎng jiā
與漢族有很大的不同，剛到那裏昭君時常想家
xiāng xīn li fēi cháng nán shòu shí jiān cháng le zhāo jūn yě jiù xí guàn
鄉，心裏非常難受。時間長了，昭君也就習慣
le nà lǐ de shēng huó
了那裏的生活。

zhāo jūn chū sài dài zhe wéi hù hé píng de shǐ mìng yīn cǐ dào le xiōng
昭君出塞帶着維護和平的使命，因此到了匈
nú zhāo jūn dài qù le zhōng yuán xiān jìn de wén huà hé jì shù jiāo xiōng
奴，昭君帶去了中原先進的文化和技術，教匈
nú rén cóng shì nóng yè shēng chǎn fā zhǎn xù mù yè gǎi shàn le rén men
奴人從事農業生產，發展畜牧業，改善了人們
de shēng huó hái bāng zhù hū hán yé chán yú gǎi diào le yóu mù mín zú de yì
的生活，還幫助呼韓邪單于改掉了遊牧民族的一
xiē lòu xí
些陋習。

zì cóng zhāo jūn chū sài xiōng nú yǔ hàn cháo hé mù xiāng chǔ liù shí
自從昭君出塞，匈奴與漢朝和睦相處，六十
duō nián dōu méi yǒu dǎ guò zhàng yóu yú zhāo jūn chū sài gěi xiōng nú rén dài qù
多年都沒有打過仗。由於昭君出塞給匈奴人帶去
le hé píng yǔ fán róng suǒ yǐ xiōng nú rén dōu hěn jìng zhòng tā
了和平與繁榮，所以匈奴人都很敬重她。

zhāo jūn sǐ hòu zàng zài xiōng nú rén kòng zhì de dà qīng shān xiōng nú rén
昭君死後葬在匈奴人控制的大青山，匈奴人
wèi tā xiū le fén mù mù chēng qīng zhǒng
為她修了墳墓，墓稱「青塚」。

故事 15

王莽奪取西漢政權

漢元帝死後，太子劉驁即位，史稱漢成帝。漢成帝的母親王政君被尊為皇太后，他的七個舅舅也都被封了官，從此外戚王氏一族權傾朝野，控制朝政。王莽仗着姑母是王政君，順利當上了大司馬。

風流荒唐的漢成帝死後，哀帝即位，王莽繼續把持朝政。沒過幾年哀帝也死了，王莽立只有九歲的劉衎為平帝，表面上是王太后臨朝聽政，實際上國家大事全都是王莽說了算。為了提高自己的地位，王莽暗示心腹大臣為自己寫了一封奏摺，上面說道：「如今王大司馬輔佐陛下，功勳卓著，請陛下晉封王大司馬為安漢公。」

王莽假意再三推辭。王太后見他如此謙虛，很受感動，便下詔加封王莽為安漢公，尊為太傅，封兩萬八千戶。王莽裝出很不情願的樣

子接受了封號，但卻堅持不要封地，還說：「等天下百姓都富足了，我再領受封賞。」這樣一來，王莽獲得了好名聲。

公元2年，國家發生了旱災和蝗災，朝廷卻依然向老百姓收稅，百姓生活窮困，紛紛起來反抗。王莽便向王太后建議節衣縮食，以此來緩和老百姓的憤怒情緒，王太后欣然答應。王莽還帶頭吃素，並捐贈出自己家的錢財和土地，當作賑災的費用。其他大臣紛紛效仿，都捐出一些錢財用作賑災。這樣，王莽的好名聲就傳開了。

平帝長到十二歲時，王莽就建議為皇帝選立皇后。王太后想把王莽的女兒立為皇后，王莽假意推讓一番，然後同意了。

hàn píng dì chéng hūn yǐ hòu wáng mǎng míng zhèng yán shùn de dāng shàng le
漢平帝成婚以後，王莽名正言順地當上了
guó zhàng wèi cǐ wáng tài hòu bǎ xīn yě liǎng wàn wǔ qiān liù bǎi qǐng de tǔ
國丈。為此，王太后把新野兩萬五千六百頃的土
dì shǎng cì gěi wáng mǎng wáng mǎng yòu tuī cí le
地賞賜給王莽，王莽又推辭了。

qí shí tā zhè me zuò shì yǒu mù dì de tā pài zì jǐ de xīn fù
其實他這麼做是有目的的，他派自己的心腹
dà chén dào chù xuān yáng zì jǐ bù kěn jiē shòu xīn yě tǔ dì de shì qing
大臣到處宣揚自己不肯接受新野土地的事情。

rén men hèn tòu le jiān bìng tǔ dì de liè shēn háo qiáng ér wáng mǎng
人們恨透了兼併土地的劣紳豪強，而王莽
jìng rán bú yào tǔ dì lǎo bǎi xìng gèng rèn wéi tā shì yí gè hǎo guān le
竟然不要土地，老百姓更認為他是一個好官了，
guān yuán men yě dōu zhǔ zhāng tā zuò hàn píng dì de dài lǐ rén
官員們也都主張他做漢平帝的代理人。

wáng mǎng de wēi wàng yuè lái yuè gāo rì jiàn zhǎng dà de píng dì duì
王莽的威望越來越高，日漸長大的平帝對
gōng gāo gài zhǔ de wáng mǎng yuè lái yuè bù mǎn yì jīng cháng bèi dì li shuō
功高蓋主的王莽越來越不滿意，經常背地裏說
wáng mǎng de huài huà wáng mǎng tīng shuō hòu hěn fèn nù
王莽的壞話。王莽聽說後很憤怒。

zài yí cì yàn huì shang wáng mǎng chèn gěi hàn píng dì shàng jiǔ shí
在一次宴會上，王莽趁給漢平帝上酒時，
tōu tōu bǎ dú yào chān jìn jiǔ zhōng hàn píng dì nǎ lǐ zhī dào qí zhōng de yīn
偷偷把毒藥摻進酒中。漢平帝哪裏知道其中的陰
móu jǔ bēi biàn yǐn jié guǒ zhòng le dú méi jǐ tiān jiù sǐ le
謀，舉杯便飲，結果中了毒，沒幾天就死了。

píng dì sǐ hòu wáng mǎng yòu lì liǎng suì de liú yīng wéi huáng dì
平帝死後，王莽又立兩歲的劉嬰為皇帝。
wáng mǎng de nǚ ér zì rán jiù chéng le huáng tài hòu
王莽的女兒自然就成了皇太后。

gōng yuán nián wáng mǎng dú lǎn cháo zhèng qiǎng pò xiǎo huáng dì ràng
公元 8 年，王莽獨攬朝政，強迫小皇帝讓
wèi zì jǐ dēng jī zuò le zhēn zhèng de huáng dì bìng gǎi guó hào wéi
位，自己登基做了真正的皇帝，並改國號為
xīn dū chéng réng zài cháng ān liú xìng tǒng zhì le liǎng bǎi duō nián de
「新」，都城仍在長安。劉姓統治了兩百多年的
xī hàn wáng cháo jiù cǐ bèi huà shàng le jù hào
西漢王朝，就此被畫上了句號。

時代小總結

西漢時期

漢武帝時代，以漢族為主體的統一多民族國家得到空前的鞏固，漢文化的主流形態基本形成，中國開始作為文明而富強的國家聞名於世。然而，隨着土地兼併的不斷惡化，西漢後期各種社會矛盾愈益尖銳，人心思變。在此背景下，王莽打着復古改制的幌子下令變法，這些不合時宜的改革，又加重了百姓的負擔。生活在水深火熱中的百姓忍無可忍，紛紛起兵造反。最終，漢高祖劉邦的後代——劉秀鎮壓了兩大造反軍：赤眉軍和綠林軍，自立為帝，恢復漢朝，史稱東漢。